Vorwort

Abkürzungen

EL = Esslöffel
TL = Teelöffel
Msp. = Messerspitze
Pck. = Packung/Päckchen
g = Gramm
kg = Kilogramm
ml = Milliliter
l = Liter
evtl. = eventuell
geh. = gehäuft
gestr. = gestrichen
TK = Tiefkühlprodukt
°C = Grad Celsius
Ø = Durchmesser
E = Eiweiß
F = Fett
Kh = Kohlenhydrate
kJ = Kilojoule
kcal = Kilokalorien

Wenn frisches Obst selbst den kleinsten Wochenmarkt in ein kulinarisches Schlaraffenland verwandelt, wenn die Sonne ununterbrochen vom Himmel lacht und alle ein schattiges Plätzchen suchen, dann ist für viele Hobbybäcker die schönste Backzeit des Jahres gekommen. Denn im Sommer verbinden sich leichte Joghurt- und Quark-Cremes mit einer Vielzahl von aromatischen Früchten zu köstlichen Tortenkreationen – und diese finden Sie hier.

Hinweise zu den Rezepten

Lesen Sie bitte vor der Zubereitung – besser noch vor dem Einkaufen – das Rezept einmal vollständig durch. Oft werden Arbeitsabläufe oder -zusammenhänge dann klarer. Die in den Rezepten angegebenen Backtemperaturen und -zeiten sind Richtwerte, die je nach individueller Hitzeleistung des Backofens über- oder unterschritten werden können. Bitte beachten Sie deshalb bei der Einstellung des Backofens die Gebrauchsanweisung des Herstellers und machen Sie nach Beendigung der Backzeit eine Garprobe.

Zubereitungszeiten

Die Zubereitungszeit beinhaltet nur die Zeit für die eigentliche Zubereitung, Backzeiten sind gesondert ausgewiesen. Längere Wartezeiten, z. B. Kühlzeiten, sind nicht mit einbezogen.

Himbeer-Sommertorte

Zubereitungszeit:
etwa 45 Minuten,
ohne Kühlzeit

Insgesamt:
E: 106 g, F: 185 g, Kh: 555 g,
kJ: 18374, kcal: 4384

Zum Vorbereiten:

1 Beutel aus 1 Pck. Götterspeise Himbeer-Geschmack
375 ml (3/8 l) Wasser oder roter Fruchtsaft
75 g Zucker

Für den Boden:

200 g Cornflakes
150 g weiße Kuvertüre

Für den Belag:

250 g frische Himbeeren
1 Beutel aus 1 Pck. Götterspeise Himbeer-Geschmack
375 ml (3/8 l) Wasser
180 g Zucker
400 ml Schlagsahne
250 g Magerquark

Zum Garnieren:

100 g frische Himbeeren

1 Zum Vorbereiten Götterspeise mit Wasser oder Fruchtsaft und Zucker nach Packungsanleitung, aber nur mit 375 ml (3/8 l) Flüssigkeit zubereiten, in eine flache Schale gießen, kalt stellen und fest werden lassen.

2 Für den Boden Cornflakes in einen Gefrierbeutel geben und den Beutel fest verschließen. Cornflakes mit einer Teigrolle fein zerbröseln und in eine Schüssel geben. Kuvertüre in kleine Stücke hacken, in einem kleinen Topf im Wasserbad bei schwacher Hitze zu einer geschmeidigen Masse verrühren und mit den Cornflakesbröseln vermengen. Die Masse in eine Springform (Ø 26 cm, Boden gefettet, mit Backpapier belegt) geben und mit einem Esslöffel andrücken.

3 Für den Belag Himbeeren verlesen (nicht waschen) und beiseite stellen. Die Götterspeise mit Wasser und Zucker nach Packungsanleitung, aber nur mit 375 ml (3/8 l) Wasser zubereiten und kalt stellen.

4 Sahne steif schlagen. Sobald die Götterspeise für den Belag anfängt dicklich zu werden, Quark unterrühren und steif geschlagene Sahne unterheben. Ein Drittel der Creme auf den Boden geben und glatt streichen. Himbeeren darauf verteilen, mit restlicher Creme bedecken und glatt streichen. Die Torte 2–3 Stunden kalt stellen.

5 Zum Garnieren den Springformrand mit einem Messer lösen und entfernen. Die vorbereitete, fest gewordene Götterspeise stürzen und würfeln. Die Torte mit den Würfeln und Himbeeren garnieren.

Tipp:

Die Torte schmeckt frisch am besten. Für den Belag anstelle der Himbeeren blaue und grüne kernlose Weintrauben verwenden sowie Waldmeister-Götterspeise mit Traubensaft zubereiten.

Götter-Ufo

Zubereitungszeit: etwa 45 Minuten, ohne Kühlzeit

Backzeit: etwa 20 Minuten

Insgesamt:
E: 90 g, F: 270 g, Kh: 468 g, kJ: 19608, kcal: 4676

Für den All-in-Teig:
125 g Weizenmehl
3 TL Dr. Oetker Backin
125 g Zucker
1 Pck. Dr. Oetker Vanillin-Zucker
3 Eier (Größe M)
125 g weiche Butter

Für die Creme:
9 Blatt weiße Gelatine
300 g Himbeeren
500 ml (½ l) Joghurt-Drink Himbeer-Geschmack
75 g Zucker
200 ml Schlagsahne

Zum Bestreichen und Garnieren:
200 ml Schlagsahne
1 Pck. Dr. Oetker Vanillin-Zucker
3 Becher (je 150 g) Götterspeise Himbeer-Geschmack

1 Für den Teig Mehl mit Backpulver mischen und in eine Rührschüssel sieben. Restliche Zutaten hinzufügen und alles mit Handrührgerät mit Rührbesen auf höchster Stufe in etwa 2 Minuten zu einem Teig verarbeiten. Teig in eine Obstbodenform (Ø 26 cm, gefettet, bemehlt) füllen und verstreichen. Die Form auf dem Rost in den Backofen schieben.

Ober-/Unterhitze: etwa 200 °C (vorgeheizt)
Heißluft: etwa 180 °C (vorgeheizt)
Gas: Stufe 3–4 (vorgeheizt)
Backzeit: etwa 20 Minuten.

2 Den Boden aus der Form stürzen und auf einem Kuchenrost erkalten lassen. Anschließend den Boden auf eine Tortenplatte legen.

3 Für die Creme Gelatine in kaltem Wasser einweichen. Himbeeren verlesen (nicht waschen) und die Hälfte davon pürieren. Das Püree mit dem Joghurt-Drink und Zucker verrühren. Gelatine leicht ausdrücken, auflösen und zunächst mit etwas von der Püree-Drink-Mischung verrühren, dann unter die restliche Mischung rühren.

4 Sobald die Masse beginnt zu gelieren, Sahne steif schlagen und unterheben. Restliche Himbeeren ebenfalls kurz unterheben. Die Himbeercreme leicht kuppelförmig auf dem Boden verstreichen und die Torte 2–3 Stunden kalt stellen.

5 Zum Bestreichen Sahne und Vanillin-Zucker steif schlagen und die Kuppel rundherum damit bestreichen. Zum Garnieren die Götterspeise aus den Bechern stürzen, in kleine Würfel schneiden und auf der Kuppel verteilen, dabei leicht andrücken. Die Torte bis zum Verzehr kalt stellen.

Joghurtschnitten

Zubereitungszeit: etwa 40 Minuten, ohne Kühlzeit

Backzeit: 10–12 Minuten

Insgesamt:
E: 90 g, F: 181 g, Kh: 566 g, kJ: 18251, kcal: 4356

Für den Biskuitteig:
4 Eier (Größe M)
150 g Zucker
1 Pck. Dr. Oetker Vanillin-Zucker
150 g Weizenmehl
1 TL Dr. Oetker Backin

Für den Belag:
500 g frisches Obst, z. B. Weintrauben, Erdbeeren und Aprikosen
8 Blatt weiße Gelatine
500 g Naturjoghurt
150–200 g Puderzucker (je nach Süße der Früchte)
1 Pck. Dr. Oetker Vanillin-Zucker
Saft von 1 großen Zitrone
2 EL Rum
400 ml Schlagsahne

Zum Bestreichen:
4 EL Aprikosenkonfitüre

1 Für den Teig Eier mit Handrührgerät mit Rührbesen auf höchster Stufe in 1 Minute schaumig schlagen. Zucker und Vanillin-Zucker mischen, in 1 Minute einstreuen und noch etwa 2 Minuten weiterschlagen.

2 Mehl mit Backpulver mischen, portionsweise auf die Eiercreme sieben und kurz auf niedrigster Stufe unterrühren. Den Teig auf ein Backblech (30 x 40 cm, gefettet) streichen und das Backblech in den Backofen schieben.

Ober-/Unterhitze: etwa 200 °C (vorgeheizt)
Heißluft: etwa 180 °C (vorgeheizt)
Gas: Stufe 3–4 (vorgeheizt)
Backzeit: 10–12 Minuten.

3 Das Backblech auf einen Kuchenrost stellen und den Boden darauf erkalten lassen.

4 Für den Belag Obst waschen, abtropfen lassen, entstielen, evtl. entkernen oder entsteinen und klein schneiden. Gelatine nach Packungsanleitung einweichen. Joghurt mit gesiebtem Puderzucker, Vanillin-Zucker, Zitronensaft und Rum verrühren.

5 Gelatine leicht ausdrücken und auflösen. Erst etwa 4 Esslöffel von der Joghurtmasse mit der aufgelösten Gelatine verrühren, dann mit der restlichen Masse verrühren. Sahne steif schlagen. Wenn die Masse beginnt zu gelieren, Sahne und Obststücke unterheben.

6 Zum Bestreichen Konfitüre glatt rühren. Den erkalteten Biskuitboden mit der Konfitüre bestreichen und einen Backrahmen darumstellen. Die Joghurtfruchtcreme auf dem Boden verteilen, glatt streichen und etwa 2 Stunden kalt stellen. Vor dem Servieren den Backrahmen vorsichtig lösen und entfernen.

Zebrarolle mit Erdbeeren

Zubereitungszeit: etwa 40 Minuten, ohne Kühlzeit

Backzeit: etwa 10 Minuten

Insgesamt:
E: 63 g, F: 227 g, Kh: 396 g, kJ: 16283, kcal: 3888

Für den Biskuitteig:

3 Eier (Größe M)
1 Eigelb (Größe M)
150 g Zucker
1 Pck. Dr. Oetker Vanillin-Zucker
100 g Weizenmehl
25 g Speisestärke
1 TL Dr. Oetker Backin
20 g Kakaopulver
1 EL Wasser

Für die Füllung:

250 g Erdbeeren
200 g Erdbeerjoghurt
600 ml Schlagsahne
50 g Zucker
3 Pck. Dr. Oetker Sahnesteif

Zum Garnieren:

einige frische Erdbeeren
Zitronenmelisse

1 Für den Teig Eier und Eigelb mit Handrührgerät mit Rührbesen auf höchster Stufe in 1 Minute schaumig schlagen. Zucker und Vanillin-Zucker mischen, in 1 Minute einstreuen und noch 2 Minuten weiterschlagen. Mehl mit Speisestärke und Backpulver mischen, portionsweise auf die Eiercreme sieben und auf mittlerer Stufe kurz unterrühren.

2 Gut zwei Drittel des Teiges auf ein Backblech (30 x 40 cm, gefettet, mit Backpapier belegt) streichen. Papier an der offenen Seite des Backbleches unmittelbar vor dem Teig zur Falte knicken, so dass ein Rand entsteht. Unter den restlichen Teig gesiebtes Kakaopulver und Wasser kurz unterrühren, in einen Gefrierbeutel geben, eine nicht zu kleine Ecke abschneiden und „Zebrastreifen" auf den hellen Teig spritzen. Das Backblech in den Backofen schieben.

Ober-/Unterhitze: etwa 220 °C (vorgeheizt)
Heißluft: etwa 200 °C (vorgeheizt)
Gas: Stufe 4–5 (vorgeheizt)
Backzeit: etwa 10 Minuten.

3 Biskuitplatte sofort nach dem Backen auf ein mit Zucker bestreutes Geschirrtuch stürzen und mit dem Backpapier erkalten lassen.

4 Für die Füllung Erdbeeren waschen, abtropfen lassen, putzen und in Stücke schneiden. Mitgebackenes Backpapier von der Biskuitplatte abziehen und Erdbeerjoghurt darauf streichen. Sahne mit Zucker und Sahnesteif steif schlagen, etwas davon zum Garnieren in einen Spritzbeutel geben und kalt stellen. Erdbeeren unter die restliche Sahne heben und die Creme auf der Biskuitplatte verstreichen. Die Biskuitplatte von der längeren Seite her aufrollen und mindestens 2 Stunden kalt stellen.

5 Kurz vor dem Servieren die Rolle mit der Sahne aus dem Spritzbeutel verzieren und mit Erdbeeren und Zitronenmelisse garnieren.

Obstkuchen mit Orangen-Vanille-Creme

Zubereitungszeit: etwa 35 Minuten, ohne Abkühlzeit

Backzeit: etwa 25 Minuten

Insgesamt:
E: 53 g, F: 174 g, Kh: 353 g, kJ: 13620, kcal: 3252

Für den Rührteig:
- 125 g weiche Butter
- 125 g Zucker
- 1 Pck. Dr. Oetker Vanillin-Zucker
- 3 Tropfen Butter-Vanille-Aroma
- 3 Eier (Größe M)
- 125 g Weizenmehl
- 2 TL Dr. Oetker Backin

Für die Vanillecreme:
- 1 Becher (500 g) Vanille-Pudding (aus dem Kühlregal)
- 2 EL Orangenlikör

Für den Belag:
- 500 g vorbereitetes Obst, z. B. Erdbeeren, Johannisbeeren, Feigen, Äpfel

Zum Bestäuben:
- Puderzucker

1 Für den Teig Butter mit Handrührgerät mit Rührbesen auf höchster Stufe geschmeidig rühren. Nach und nach Zucker, Vanillin-Zucker und Aroma unterrühren und so lange rühren, bis eine gebundene Masse entstanden ist.

2 Eier nach und nach unterrühren (jedes Ei etwa ½ Minute). Mehl mit Backpulver mischen, sieben und portionsweise auf mittlerer Stufe unterrühren.

3 Den Teig in eine Obstbodenform (Ø 28 cm, gut gefettet) füllen und glatt streichen. Die Form auf dem Rost in den Backofen schieben.

Ober-/Unterhitze: etwa 180 °C (vorgeheizt)
Heißluft: etwa 160 °C (vorgeheizt)
Gas: Stufe 2–3 (vorgeheizt)
Backzeit: etwa 25 Minuten.

4 Den Gebäckboden 10 Minuten in der Form auf einen Kuchenrost stellen, dann aus der Form lösen, auf einen mit Backpapier belegten Kuchenrost stürzen und erkalten lassen.

5 Für die Vanillecreme Pudding mit Likör verrühren, auf dem Boden verteilen und mit dem vorbereiteten Obst belegen. Den Kuchen mit Puderzucker bestäuben.

Tipp:

Für die Vanillecreme können Sie den Vanille-Pudding auch selbst zubereiten. Dafür 1 Päckchen Pudding-Pulver Vanille-Geschmack mit 70 g Zucker und 250 ml (¼ l) Schlagsahne verrühren. 250 ml (¼ l) Milch in einem Topf zum Kochen bringen, angerührtes Puddingpulver hinzufügen und unter Rühren gut aufkochen lassen. Pudding in eine Schüssel geben, sofort mit Frischhaltefolie zudecken und abkühlen lassen. Die Puddingmasse durch ein Sieb streichen und auf dem Gebäckboden verteilen.

Beerige Knuspertarte

Zubereitungszeit: etwa 30 Minuten, ohne Abkühlzeit

Backzeit: etwa 20 Minuten

Insgesamt:
E: 42 g, F: 168 g, Kh: 331 g, kJ: 12925, kcal: 3084

Für den Knetteig:

- 150 g Weizenmehl
- 50 g Kokosraspel
- 50 g Zucker
- 1 Pck. Dr. Oetker Bourbon Vanille-Zucker
- 100 g weiche Butter oder Margarine
- 50 ml Sherry oder Wasser

Für den Belag:

- 1 Becher (500 g) Sahnepudding aus dem Kühlregal
- 750 g gemischtes Beerenobst, z. B. Himbeeren, Brombeeren, Johannisbeeren und Heidelbeeren
- 1 Pck. Tortenguss, klar
- 200 ml Wasser
- 50 ml Sherry oder Apfelsaft
- 30 g Zucker

1 Für den Teig Mehl in eine Rührschüssel sieben. Restliche Zutaten hinzufügen und mit Handrührgerät mit Knethaken zunächst kurz auf niedrigster, dann auf höchster Stufe gut durcharbeiten. Anschließend auf der bemehlten Arbeitsfläche zu einem glatten Teig verkneten.

2 Den Teig zu einer Platte (Ø 30 cm) ausrollen und eine gefettete Tarteform (Ø 26 cm) damit auslegen. Den Teig am Rand gut andrücken, mehrmals mit einer Gabel einstechen und die Form auf dem Rost in den Backofen schieben.

Ober-/Unterhitze: etwa 200 °C (vorgeheizt)
Heißluft: etwa 180 °C (vorgeheizt)
Gas: Stufe 3–4 (vorgeheizt)
Backzeit: etwa 20 Minuten.

3 Die Tarte in der Form auf einen Kuchenrost stellen und erkalten lassen.

4 Für den Belag Pudding im Becher kurz durchrühren und auf dem Boden glatt streichen. Beerenfrüchte verlesen, evtl. abspülen, trockentupfen und von den Rispen streifen, leicht bergartig darauf verteilen.

5 Aus Tortengusspulver, Wasser, Sherry oder Apfelsaft und Zucker nach Packungsanleitung einen Guss zubereiten, auf den Früchten verteilen und fest werden lassen.

Tipp:

Die Tarte schmeckt frisch am besten, der Boden kann allerdings 1–2 Tage vorher gebacken werden. Anstelle der Kokosraspel schmecken auch Haselnusskerne oder Mandeln. Sie können den Pudding auch selbst aus 1 Päckchen Pudding-Pulver Vanille- oder Sahne-Geschmack, 400 ml Sahne oder halb Sahne und halb Milch und 40 g Zucker nach Packungsanleitung zubereiten.

Leichte Melonentorte

Zubereitungszeit:
etwa 60 Minuten, ohne Kühlzeit

Insgesamt:
E: 57 g, F: 283 g, Kh: 443 g, kJ: 19210, kcal: 4579

Für den Boden:
200 g Löffelbiskuits
125 g weiche Butter

Für den Belag:
1 Honigmelone (etwa 500 g) mit Schale
1 kleine Wassermelone (etwa 800 g) mit Schale
1 Cantaloup-Melone (etwa 500 g) mit Schale
125 ml (1/8 l) Melonenflüssigkeit
375 ml (3/8 l) Buttermilch
300 ml Schlagsahne
2 Pck. Galetta Vanille-Geschmack
1 Pck. Sahnesteif
Saft von 1 Limette

Zum Verzieren und Garnieren:
200 ml Schlagsahne
1 Pck. Sahnesteif
1 TL Zucker
Limettenschale

1 Für den Boden Löffelbiskuits in einen Gefrierbeutel geben, den Beutel verschließen und die Löffelbiskuits mit einer Teigrolle fein zerbröseln. Die Butter mit Handrührgerät mit Rührbesen cremig rühren und die Brösel unterarbeiten. Die Masse in eine Springform (Ø 26 cm, Boden gefettet, mit Backpapier belegt) füllen, mit einem Löffel gut andrücken und die Springform kalt stellen.

2 Für den Belag aus dem Melonenfruchtfleisch mit einem Kugelausstecher einige Kugeln ausstechen und zur Seite stellen. Restliches Fruchtfleisch mit einem Löffel aus den Schalen heben, fein würfeln und in einem Sieb gut abtropfen lassen. Flüssigkeit dabei auffangen und 125 ml (1/8 l) abmessen. Melonenflüssigkeit mit Buttermilch und Sahne verrühren.

3 Galetta nach Packungsanleitung, aber mit 800 ml Buttermilch-Melonen-Sahne und zusätzlich 1 Päckchen Sahnesteif zubereiten. Limettensaft unterrühren und Melonenwürfel unterheben. Die Masse auf den Löffelbiskuitboden in die Springform füllen und glatt streichen. Die Torte 2–3 Stunden kalt stellen.

4 Zum Verzieren und Garnieren Sahne mit Sahnesteif und Zucker steif schlagen und in einen Spritzbeutel mit Sterntülle füllen. Springformrand vorsichtig mit einem Messer lösen und entfernen. Die Tortenoberfläche mit Sahnetuffs oder Kringeln verzieren und mit Melonenkugeln und Limettenschale garnieren.

Tipp:

Wassermelonenfleisch in dünne Scheiben schneiden und daraus mit Plätzchenausstechern Motive, z. B. Blüten, ausstechen. Diese als Rand in den Springformrand stellen und dann die Creme einfüllen. Die Torte schmeckt frisch am besten.

Limetten-Maracuja-Torte (Titelrezept)

Zubereitungszeit: etwa 50 Minuten, ohne Kühlzeit

Backzeit: etwa 25 Minuten

Insgesamt:
E: 161 g, F: 317 g, Kh: 427 g, kJ: 22041, kcal: 5262

Für den All-in-Teig:
130 g Weizenmehl
3 TL Dr. Oetker Backin
130 g Zucker
3 Eier (Größe M)
3 EL Maracujanektar
130 g weiche Butter

Für die Füllung:
6 Blatt weiße Gelatine
500 g Magerquark
250 g Sahnequark
Saft von 2 Limetten
100 ml Maracujanektar
100 g Zucker
250 ml (1/4 l) Schlagsahne

Zum Garnieren und Verzieren:
3 Blatt weiße Gelatine
2 Passionsfrüchte (Maracuja)
150 ml Maracujanektar
250 ml (1/4 l) Schlagsahne
1 Pck. Dr. Oetker Sahnesteif
1 TL Zucker

1 Für den Teig Mehl und Backpulver mischen, in eine Rührschüssel sieben, restliche Zutaten hinzufügen und alles mit Handrührgerät mit Rührbesen auf höchster Stufe in etwa 2 Minuten zu einem Teig verarbeiten. Den Teig in eine Springform (Ø 26 cm, Boden gefettet, mit Backpapier belegt) füllen, glatt streichen. Die Form auf dem Rost in den Backofen schieben.

Ober-/Unterhitze: etwa 180 °C (vorgeheizt)
Heißluft: etwa 160 °C (vorgeheizt)
Gas: Stufe 2–3 (vorgeheizt)
Backzeit: etwa 25 Minuten.

2 Den Boden auf einen mit Backpapier belegten Kuchenrost stürzen, mitgebackenes Backpapier abziehen und den Boden erkalten lassen.

3 Für die Füllung Gelatine nach Packungsanleitung in kaltem Wasser einweichen. Quark mit Limettensaft, Nektar und Zucker verrühren. Gelatine ausdrücken, in einem kleinen Topf im warmen Wasserbad auflösen und zunächst mit etwas von der Quarkmasse verrühren, dann unter die restliche Quarkmasse rühren. Sahne steif schlagen und unterheben.

4 Den Boden auf eine Tortenplatte legen, einen Tortenring darumstellen und die Quarkcreme auf dem Boden verstreichen. Die Torte etwa 2 Stunden kalt stellen.

5 Zum Garnieren und Verzieren Gelatine nach Packungsanleitung in kaltem Wasser einweichen. Passionsfrüchte durchschneiden, Fruchtfleisch mit Samen auslösen und mit dem Nektar vermengen. Gelatine ausdrücken, auflösen und die Flüssigkeit nach und nach unterrühren. Masse vorsichtig auf die Tortenoberfläche gießen und die Torte etwa 1 Stunde kalt stellen.

6 Vor dem Servieren den Tortenring lösen, Sahne mit Sahnesteif und Zucker steif schlagen, die Torte damit verzieren.

Nektarinen-Brombeer-Tarte

Zubereitungszeit:
etwa 45 Minuten,
ohne Abkühlzeit

Backzeit: etwa 55 Minuten

Insgesamt:
E: 56 g, F: 205 g, Kh: 634 g,
kJ: 19324, kcal: 4614

4 Nektarinen (450–500 g)
250 g frische Brombeeren

Für den Streuselteig:
380 g Weizenmehl
2 TL Dr. Oetker Backin
180 g Rohrzucker (brauner Zucker)
1 Pck. Dr. Oetker Vanillin-Zucker
1 Prise Salz
½ TL gemahlener Zimt
½ TL geriebene Muskatnuss
1 Ei (Größe M)
225 g weiche Butter oder Margarine

20 g Rohrzucker (brauner Zucker)

Für den Guss:
100 g gesiebter Puderzucker
3 EL Wasser

1 Nektarinen waschen, trockentupfen, halbieren und entsteinen. Fruchthälften in schmale Spalten schneiden. Brombeeren verlesen.

2 Für den Teig Mehl mit Backpulver mischen und in eine Rührschüssel sieben. Rohrzucker, Vanillin-Zucker, Salz, Zimt, Muskat, Ei und Butter oder Margarine hinzufügen und die Zutaten mit Handrührgerät mit Rührbesen zu Streuseln von gewünschter Größe verarbeiten.

3 Die Hälfte der Streusel in eine Tarte- oder Springform (Ø 26 cm, gefettet) geben und andrücken, dabei einen etwa 3 cm hohen Rand formen.

4 Nektarinenspalten und Brombeeren mit Zucker mischen und auf den Teigboden geben. Restliche Streusel darauf verteilen und leicht andrücken. Die Form auf dem Rost in den Backofen schieben.

Ober-/Unterhitze: etwa 180 °C (vorgeheizt)
Heißluft: etwa 160 °C (nicht vorgeheizt)
Gas: Stufe 2–3 (nicht vorgeheizt)
Backzeit: etwa 55 Minuten.

5 Die Form auf einen Kuchenrost stellen und den Kuchen etwa 15 Minuten abkühlen lassen.

6 Für den Guss Puderzucker mit Wasser zu einer dickflüssigen Masse verrühren. Den Guss auf den Kuchen träufeln und lauwarm servieren.

Tipp:

Sie können den Guss auch weglassen und die Tarte nur mit Puderzucker bestäuben. Reichen Sie eine Vanillesauce, Vanilleeis oder halbsteif geschlagene, mit Vanille-Zucker gesüßte Schlagsahne zur Tarte.

Johannisbeer-Crossie-Torte

**Zubereitungszeit:
etwa 35 Minuten,
ohne Kühlzeit**

**Insgesamt:
E: 70 g, F: 289 g, Kh: 333 g,
kJ: 17736, kcal: 4234**

Für den Boden:

150 g weiße Kuvertüre
150 g Knusperflakes oder
Cornflakes
50 g abgezogene, gehackte
Mandeln

Für den Belag:

250 g rote Johannisbeeren
400 ml Schlagsahne
75 g Zucker
1 Pck. Dr. Oetker Vanillin-
Zucker
1 Pck. Dr. Oetker Sahnesteif
250 g Doppelrahm-
Frischkäse

Zum Garnieren:

50 g rote Johannisbeeren

1 Für den Boden Kuvertüre in Stücke hacken, in einem kleinen Topf im Wasserbad bei schwacher Hitze geschmeidig rühren und mit Knusperflakes oder Cornflakes und Mandeln in einer Schüssel gut vermengen. Einige kleine Flakes-Häufchen zum Garnieren auf ein Stück Backpapier geben und fest werden lassen. Restliche Flakes-Masse in eine Springform (Ø 26 cm, Boden gefettet, mit Backpapier belegt) geben und mit einem Esslöffel gut andrücken. Den Boden fest werden lassen.

2 Für den Belag Johannisbeeren abspülen, abtropfen lassen und die Beeren von den Rispen streifen. Sahne mit Zucker, Vanillin-Zucker und Sahnesteif steif schlagen. Frischkäse glatt rühren, kurz unter die Sahne rühren und Johannisbeeren unterheben. Die Creme auf den Boden geben und leicht wellenartig verstreichen. Die Torte etwa 2 Stunden kalt stellen.

3 Zum Garnieren Springformrand lösen, entfernen und die Torte auf eine Tortenplatte setzen. Johannisbeeren abspülen, abtropfen lassen und die Hälfte der Beeren von den Rispen streifen, mit einer Gabel zerdrücken oder grob pürieren und die Masse mit 2 Teelöffeln in Häufchen auf die Oberfläche setzen. Die Torte mit den restlichen Johannisbeeren und den Flakes-Häufchen garnieren.

Tipp:

Die Torte schmeckt auch gut mit Himbeeren oder Heidelbeeren.

Pink-Grapefruit-Torte mit Amarettini

Zubereitungszeit:
etwa 55 Minuten, ohne Kühlzeit

Insgesamt:
E: 53 g, F: 224 g, Kh: 344 g, kJ: 15276, kcal: 3643

Für den Boden:
- 125 g Mandelplätzchen
- 50 g Amarettini
- 125 g Butter

Für die Creme:
- 6 Blatt weiße Gelatine
- 2 Pink Grapefruits
- 200 g Heidelbeeren
- 500 g Vanillejoghurt
- 100 g Zucker
- 200 ml Schlagsahne

Zum Garnieren:
- einige Amarettini
- Zitronenmelisse

1 Für den Boden Mandelplätzchen und Amarettini in einen Gefrierbeutel geben, ihn verschließen und das Gebäck mit einer Teigrolle zerbröseln. Die Brösel in eine Schüssel geben. Butter zerlassen, zu den Bröseln geben und gut verrühren. Die Masse gleichmäßig in einer Springform (Ø 26 cm, Boden gefettet, mit Backpapier belegt) verteilen und mit einem Löffel gut andrücken.

2 Für die Creme Gelatine nach Packungsanleitung in kaltem Wasser einweichen. Grapefruits dick schälen, so dass die weiße Haut mit entfernt wird, und filetieren, dabei den Saft auffangen. Heidelbeeren verlesen, abspülen und trockentupfen. Joghurt mit dem aufgefangenen Saft und Zucker in einer Schüssel verrühren. Gelatine leicht ausdrücken, auflösen und zunächst mit etwas von der Joghurtmasse verrühren, dann unter die restliche Joghurtmasse rühren. Sobald die Masse beginnt zu gelieren, Sahne steif schlagen und unterheben.

3 Die Hälfte der Creme in die Springform füllen, mit den Grapefruitfilets (einige zum Garnieren beiseite stellen) und den Heidelbeeren belegen und die restliche Creme aufstreichen. Die Oberfläche mit einem Teelöffel verzieren und die Torte 2–3 Stunden kalt stellen.

4 Vor dem Servieren Springformrand lösen und entfernen, Torte auf eine Tortenplatte setzen und mit den restlichen Grapefruitfilets, Amarettini und Zitronenmelisse garnieren.

Tipp:

Die Torte schmeckt frisch am besten. Sie können die Torte auch nur mit 4–5 Pink Grapefruits zubereiten.

Knusprige Heidelbeerschnitten

Zubereitungszeit:
etwa 40 Minuten,
ohne Kühlzeit

Insgesamt:
E: 80 g, F: 364 g, Kh: 578 g,
kJ: 24950, kcal: 5963

Für den Boden:

250 g Zartbitter-Kuvertüre
150 g Haferfleks (Kölln)

Für den Belag:

600 g frische Heidelbeeren
10 Blatt weiße Gelatine
600 g saure Sahne
2–3 EL Zitronensaft
125 g Zucker
1 Pck. Dr. Oetker Vanillin-Zucker
1 Pck. Dr. Oetker Finesse Geriebene Zitronenschale
500 ml (1/2 l) Schlagsahne

Zum Verzieren:

200 g Heidelbeerkonfitüre oder rotes Johannisbeergelee
2–3 EL Johannisbeernektar

1 Für den Boden die Kuvertüre grob hacken und in einem kleinen Topf im Wasserbad bei schwacher Hitze zu einer geschmeidigen Masse verrühren. Kuvertüre in eine Schüssel geben und mit den Haferfleks gut verrühren.

2 Einen Backrahmen (30 x 30 cm) auf ein Backblech (30 x 40 cm, mit Backpapier belegt) stellen, die Schoko-Haferfleksmasse hineingeben und mit einem Esslöffel andrücken. Gebäckboden kalt stellen.

3 Für den Belag Heidelbeeren verlesen, abspülen, abtropfen lassen und trockentupfen. Gelatine nach Packungsanleitung in kaltem Wasser einweichen. Saure Sahne mit Zitronensaft, Zucker, Vanillin-Zucker und Zitronenschale verrühren.

4 Gelatine leicht ausdrücken und in einem kleinen Topf unter Rühren erwärmen (nicht kochen), bis sie völlig gelöst ist. Die aufgelöste Gelatine zuerst mit einigen Löffeln der Masse verrühren, dann mit der restlichen Masse gut verrühren und kalt stellen.

5 Sahne steif schlagen. Sobald die Masse anfängt zu gelieren, Sahne und die Hälfte der Heidelbeeren unterheben. Sahnecreme auf den Gebäckboden geben und glatt streichen. Restliche Heidelbeeren darauf verteilen und den Kuchen kalt stellen.

6 Zum Verzieren Konfitüre oder Gelee mit Nektar glatt rühren (evtl. durch ein Sieb streichen) und in einen Gefrierbeutel füllen. Eine kleine Spitze davon abschneiden und die Kuchenoberfläche schlierenartig damit verzieren. Den Kuchen in etwa 20 Schnitten schneiden.

Tipp:

Bereiten Sie die Schnitten mit Brombeeren zu. Zum Verzieren dann Brombeergelee verwenden.

Knuspertorte mit Brombeeren

Zubereitungszeit:
etwa 40 Minuten, ohne Kühlzeit

Insgesamt:
E: 68 g, F: 337 g, Kh: 340 g, kJ: 19638, kcal: 4690

Für den Boden:
200 g weiße Kuvertüre
25 g Kokosfett
2 Pck. (je 50 g) Eiswaffel-Herzen

Für den Belag:
350 g Brombeeren
8 Blatt weiße Gelatine
500 ml (½ l) Zitronenbuttermilch
100 g Zucker
450 ml Schlagsahne

Zum Garnieren und Verzieren:
100 g Brombeeren
150 ml Schlagsahne
Eiswaffel-Herzen

1 Für den Boden Kuvertüre grob hacken und mit Kokosfett in einem kleinen Topf im Wasserbad unter Rühren auflösen. Eiswaffel-Herzen in einen Gefrierbeutel geben, den Beutel verschließen und die Waffeln mit einer Teigrolle fein zerbröseln. Kuvertüre mit den Bröseln vermischen, in einer Springform (Ø 26 cm, Boden gefettet, mit Backpapier belegt) verteilen und andrücken. Den Boden kalt stellen.

2 Für den Belag Brombeeren verlesen. Gelatine nach Packungsanleitung in kaltem Wasser einweichen. Buttermilch mit Zucker verrühren. Gelatine leicht ausdrücken, bei schwacher Hitze auflösen (nicht kochen) und zunächst mit etwas Buttermilch verrühren, dann unter die restliche Buttermilch rühren. Sobald die Masse beginnt zu gelieren, Sahne steif schlagen und unterheben. Brombeeren unterheben und die Creme auf den Boden in der Springform streichen. Die Torte 2–3 Stunden kalt stellen.

3 Zum Garnieren und Verzieren Torte aus der Form lösen und auf eine Tortenplatte setzen. Brombeeren verlesen, die Hälfte davon pürieren, durch ein Sieb passieren und in einen kleinen Gefrierbeutel füllen. Eine kleine Ecke davon abschneiden und das Brombeermus über die Torte sprenkeln. Sahne steif schlagen, mit einem Teelöffel in Wölkchen am Rand auf die Torte setzen und mit Eiswaffel-Herzen und den restlichen Brombeeren garnieren.

Tipp:

Die Torte kann bis auf die Garnitur am Vortag zubereitet werden.
Die Torte schmeckt auch gut mit Himbeeren und Himbeerbuttermilch.

Aprikosen-Pudding-Torte

Zubereitungszeit: etwa 35 Minuten, ohne Abkühlzeit

Backzeit: etwa 45 Minuten

Insgesamt:
E: 73 g, F: 184 g, Kh: 503 g, kJ: 16602, kcal: 3961

Für den Belag:
1 Dose Aprikosenhälften (Abtropfgewicht 480 g)
250 ml (1/4 l) Milch
200 ml Schlagsahne
50 g Zucker
1 Pck. Dr. Oetker Pudding-Pulver Vanille-Geschmack

Für den Quark-Öl-Teig:
300 g Weizenmehl
1 Pck. Dr. Oetker Backin
150 g Magerquark
100 ml Milch
100 ml Speiseöl
75 g Zucker
1 Pck. Dr. Oetker Vanillin-Zucker
1 Prise Salz

Zum Bestreichen:
Milch

1 Für den Belag Aprikosen in einem Sieb gut abtropfen lassen und anschließend klein würfeln. Aus Milch, Sahne, Zucker und Pudding-Pulver nach Packungsanleitung einen Pudding zubereiten, in eine Rührschüssel geben und sofort Frischhaltefolie direkt auf den Pudding legen, damit sich keine Haut bildet. Den Pudding lauwarm abkühlen lassen.

2 Für den Teig Mehl mit Backpulver mischen und in eine Rührschüssel sieben. Quark, Milch, Öl, Zucker, Vanillin-Zucker und Salz hinzufügen und die Zutaten mit Handrührgerät mit Knethaken auf höchster Stufe in etwa 1 Minute zu einem Teig verarbeiten (nicht zu lange, Teig klebt sonst).

3 Knapp ein Drittel des Teiges auf der bemehlten Arbeitsfläche zu einer Platte (Ø 26 cm) ausrollen und in 2 cm breite Streifen schneiden. Restlichen Teig auf dem Boden einer Springform (Ø 26 cm, gefettet) ausrollen. Springformrand darumstellen und den Teig 1–2 cm am Rand hochdrücken.

4 Pudding kurz durchrühren, auf den Boden streichen und die Aprikosenwürfel gleichmäßig darauf verteilen. Teigstreifen gitterförmig darüber legen und mit etwas Milch bestreichen. Die Form auf dem Rost in den Backofen schieben.

Ober-/Unterhitze: etwa 180 °C (vorgeheizt)
Heißluft: etwa 160 °C (nicht vorgeheizt)
Gas: Stufe 2–3 (nicht vorgeheizt)
Backzeit: etwa 45 Minuten.

5 Die Torte aus der Form lösen und auf einem Kuchenrost erkalten lassen.

Heidelbeerkuchen

Zubereitungszeit:
etwa 50 Minuten,
ohne Kühlzeit

Backzeit:15–20 Minuten

Insgesamt:
E: 50 g, F: 115 g, Kh: 492 g,
kJ: 13768, kcal: 3286

Für den Knetteig:

300 g Weizenmehl
60 g Zucker
1 Prise Salz
125 g weiche Butter
4 EL trockener Sherry oder Vin Santo

1 EL Weizenmehl

Für die Füllung:

6 Blatt rote Gelatine
350 g frische oder TK-Heidelbeeren
125 ml (1/8 l) Wasser
Saft von 1/2 Zitrone
150 g Zucker
350 g frische oder TK-Heidelbeeren

1 Für den Teig Mehl in eine Rührschüssel sieben. Restliche Zutaten hinzufügen und mit Handrührgerät mit Knethaken zunächst kurz auf niedrigster, dann auf höchster Stufe gut durcharbeiten. Auf der bemehlten Arbeitsfläche zu einem glatten Teig verkneten. Den Teig in Folie gewickelt etwa 1 Stunde kalt stellen.

2 Zwei Drittel des Teiges auf dem Boden einer Springform (Ø 26 cm, Boden gefettet) ausrollen und den Springformrand darumstellen. Restlichen Teig mit einem Esslöffel Mehl verkneten und zu einer langen Rolle formen, sie als Rand auf den Teigboden legen und so an die Form drücken, dass ein etwa 3 cm hoher Rand entsteht. Den Teigboden mehrmals mit einer Gabel einstechen. Die Form auf dem Rost in den Backofen schieben.

Ober-/Unterhitze: etwa 200 °C (vorgeheizt)
Heißluft: etwa 180 °C (vorgeheizt)
Gas: Stufe 3–4 (vorgeheizt)
Backzeit: 15–20 Minuten.

3 Die Form auf einen Kuchenrost stellen und Springformrand lösen und entfernen. Den Tortenboden vom Springformboden lösen, aber darauf erkalten lassen. Tortenboden auf eine Platte legen.

4 Für die Füllung Gelatine nach Packungsanleitung in kaltem Wasser einweichen. Beeren (350 g) verlesen, waschen, abtropfen lassen und in einen Topf geben. Wasser, Zitronensaft und Zucker hinzufügen, die Zutaten zum Kochen bringen und bei schwacher Hitze unter mehrmaligem Rühren (mit einem Schneebesen) etwa 10 Minuten kochen lassen. Den Topf von der Kochstelle nehmen und die ausgedrückte Gelatine unter Rühren darin auflösen. Die Fruchtmasse kalt stellen.

5 Beeren (350 g) verlesen, waschen und gut abtropfen lassen. Wenn die Fruchtmasse anfängt zu gelieren, Beeren vorsichtig unterheben und auf dem Tortenboden verteilen. Die Torte 3–4 Stunden kalt stellen.

Ratgeber

Gelatineverwendung

Gelatine gibt es Rot oder Weiß, sowohl in gemahlener als auch in Blatt-Form. 6 Blatt Gelatine entsprechen einem Päckchen gemahlener Gelatine. Blattgelatine wird zu 100% aus Schwein gewonnen. Blattgelatine in kaltem Wasser etwa 5 Minuten einweichen. Gemahlene Gelatine mit 4 Esslöffeln kaltem Wasser, Saft oder Alkohol (je nach Rezept) in einem kleinen Topf anrühren.

Gequollene Blattgelatine ausdrücken, tropfnass in einem kleinen Topf (am besten im Wasserbad) bei schwacher Hitze auflösen (Foto 1). Gequollene, gemahlene Gelatine unter Rühren bei schwacher Hitze ebenso auflösen. Beim Festigen von kalten Flüssigkeiten etwas von der zu festigenden Flüssigkeit zur Gelatinelösung geben und verrühren (Temperaturausgleich – Foto 2). Dann erst die Mischung unter Rühren (am besten mit einem Schneebesen) zur übrigen Flüssigkeit geben. Ohne Temperaturausgleich kann eine warme Gelatinelösung in Verbindung mit zu kalter Flüssigkeit Klümpchen bilden. Oder die Flüssigkeit erwärmen (nicht kochen) und die gequollene Gelatine unter Rühren darin auflösen. Dies bietet sich an, wenn die zu festigende Flüssigkeitsmenge sehr gering ist.

Um Schlagsahne zu festigen, die Schlagsahne in einer gekühlten Schüssel fast ganz steif schlagen. Aufgelöste Gelatine auf einmal zur Schlagsahne geben (auf einen Punkt geben, nicht verteilen) und sofort verrühren. Dann die Sahne vollkommen steif schlagen. Die Gelatinesahne ist sofort verwendungsfähig.

Oder die Gelatine mit Flüssigkeit oder Milchprodukten (je nach Rezept) wie oben angegeben mit Temperaturausgleich mischen. Wenn die Mischung beginnt dicklich zu werden (geliert), Sahne ganz steif schlagen und unterheben. So hat die Sahnecreme gleich die richtige Konsistenz, um weiterverarbeitet zu werden.

Die Torte 2–3 Stunden in den Kühlschrank stellen. Wird die Torte in kühle Räume (z. B. Keller) gestellt, dauert das Festigen länger.